Die

deutsche Rechtsgeschichte

und

die juristische Bildung.

Von

Dr. Victor Ehrenberg,
Professor in Göttingen.

Leipzig,
Verlag von Duncker & Humblot.
1894.

Vorwort.

Den Inhalt dieser kleinen Schrift bildet zum wesentlichen ein Vortrag, den ich am 24. Januar dieses Jahres in der Juristischen Gesellschaft zu Wien gehalten habe. Gern würde ich, einem mehrfach ausgesprochenen Wunsche nachgebend, diese Skizze zu einem etwas ausgedehnteren Abriß der deutschen Rechtsgeschichte erweitert und manchen Gedanken, der hier nur angedeutet werden konnte, näher begründet haben. Aber durch andere litterarische Verpflichtungen gebunden, muß ich, wenigstens für jetzt, auf diesen Plan verzichten. Daß eine knappe, leichtverständliche, mehr den Ideengehalt als das Stoffliche hervorhebende Darstellung der deutschen Rechtsgeschichte ein wirkliches Bedürfnis ist, wird niemand leugnen. An vorzüglichen gelehrten Werken fehlt es uns nicht mehr, wohl aber an einem Buche, welches im stande wäre, den Studierenden ebensowohl wie den gebildeten Laien zu fesseln und für die Entwickelung unseres nationalen Staats- und Rechtslebens zu erwärmen. Wir haben einen Mann in Deutschland, der wie kein zweiter berufen ist, ein solches Buch zu schreiben; möchte es doch nur dieser Anregung von Freundesseite bedürfen, um ihn für eine Aufgabe zu gewinnen, deren Ausführung ihm den Dank nicht nur der Fachgenossen, sondern eines jeden erwerben würde, dem die Bildung unseres Juristenstandes und die Pflege vaterländischer Gesinnung am Herzen liegt.

Göttingen, im Februar 1894.

V. Ehrenberg.

Wer unbefangenen Blickes die jüngsten Juristengenerationen Deutschlands betrachtet und sie etwa mit denen der dreißiger bis siebziger Jahre vergleicht, kann sich der Wahrnehmung nicht entziehen, daß das Durchschnittsniveau der allgemeinen Bildung des deutschen Juristenstandes in einem bedauerlichen Rückgange begriffen ist. Der große Zug, der früher durch den Stand der deutschen Juristen ging und sie auf allen Gebieten des öffentlichen Lebens als die geborenen Führer der Nation erscheinen ließ, ist verschwunden, dem Interesse an geschichtlichen, philosophischen, künstlerischen Problemen begegnet man in den jüngsten Generationen immer seltener, selbst das Interesse an tieferen politischen und socialen Fragen ist gering. Die Beschäftigung mit Dingen, die außerhalb des engsten Berufskreises liegen, erscheint unserer heutigen Jugend als veraltet; ein nüchterner Wirklichkeitssinn, eine handfeste Begehrlichkeit, die nur noch nach dem Nächsten und Nützlichen greift, hat den früheren Idealismus verdrängt. Die bescheidenen Ansprüche, welche die Mehrzahl unserer jungen Juristen an einen geistigen Gehalt des Lebens stellt, erfüllen jeden Patrioten mit ernster Sorge.

Diese banausische, auf das Nützliche und unmittelbar Brauchbare gerichtete Neigung unserer juristischen Jugend mag zum Teil ein Ausdruck der allgemeinen Zeitrichtung sein; wollen wir aber gerecht sein, so müssen wir eingestehen, daß sie durch die Neugestaltung unseres Rechtslebens und unseres Rechtsunterrichts beträchtlich gefördert wird. Die großen Gesetzgebungen auf allen Gebieten des öffentlichen und Privat= rechts, des Straf= und Prozeßrechts haben das G e s e t z e s = w o r t in den Mittelpunkt auch des juristischen U n t e r r i c h t s gestellt und das heutige Recht dadurch von den reichen Bildungselementen der Vergangenheit mehr und mehr ab= gedrängt.

Und das wird noch stärker werden, wenn das künftige bürgerliche Gesetzbuch neue Ansprüche an das Gedächtnis der jungen Juristen macht: die große Masse wird dann erst recht geneigt sein, sich mit einem toten Paragraphenwissen, besten= falls mit einer leidlichen Gesetzeskenntnis zu begnügen.

Dann aber ist es vorbei mit juristischer Wissenschaft und juristischer Kunst; die Jurisprudenz wird zum Handwerk werden, wie die Medizin zum Handwerk werden würde, wenn sie sich von ihrem geistigen Nährboden, den Naturwissenschaften entfernen wollte.

Dieser Gefahr gegenüber gewinnen die beiden Disciplinen der R e c h t s g e s c h i c h t e, der römischen und vor allem der deutschen Rechtsgeschichte, eine neue und größere Bedeutung; nicht wegen ihres unmittelbar praktischen Nutzens für die Auslegung und Anwendung des geltenden Rechts (in dieser Beziehung wird ihre Bedeutung oft überschätzt, vgl. S. 6), son= dern weil n e b e n d e r N a t i o n a l ö k o n o m i e die R e c h t s = g e s c h i c h t e die G r u n d l a g e d e r j u r i s t i s c h e n B i l =

bung sein soll, ja sie ist im stande, eine Fülle sonstiger Bildungselemente der empfänglichen Seele des jungen Juristen zuzuführen. Hierfür giebt es kein besseres Mittel, ja kein anderes Mittel, als die Geschichte und ganz besonders die Rechtsgeschichte. Denn wie die Armee den Staat und damit die nationale Kultur nach außen beschirmt, so beschirmt das Recht sie nach innen. Alles, was die Kultur zeitigt an Kunst, an Wissenschaft, an Handel und Gewerbe, das kann sie nur zeitigen unter dem sicheren Schutze des Rechts. So ist das Recht der wichtigste Faktor der Kultur und die Rechtsgeschichte der vornehmste Teil der Kulturgeschichte. Mehr als die meisten anderen großen Produkte der schöpferischen Thätigkeit der menschlichen Gesellschaft, mehr als die Kunst, die Wissenschaft, die Technik, auch mehr als die Religion ist das Recht unabhängig von dem Wirken des Zufalls, von dem Auftreten großer oder kleiner, nützlicher oder schädlicher Individuen. In der Rechtsgeschichte pulsiert am reinsten der Geist des nationalen Lebens einer Epoche, wenn auch häufig dem oberflächlichen Blicke nicht erkennbar; denn in dem Recht suchen die politischen und wirtschaftlichen, die socialen und ethischen Bedürfnisse des Zeitalters nicht nur ihren sicheren Hort, sie finden auch in ihm, wennschon oft langsam und zögernd, ihren lautersten und energischsten Ausdruck. So kann die Rechtsgeschichte und für uns vor allem die deutsche Rechtsgeschichte zum Grund- und Eckstein der juristischen Bildung werden.

Das Kennzeichen der Bildung ist Selbständigkeit des Urteils. Wer in sich selbst den Maßstab findet für die Beurteilung der Probleme irgend eines Gebietes der Natur oder des Geisteslebens, ist auf diesem Gebiete ein gebildeter

Mensch; wer genötigt ist, fremder Autorität diesen Maßstab zu entnehmen, entbehrt der Bildung. Somit ist alle Bildung ein Produkt der Erfahrung, die Erfahrung aber beruht auf der Vergleichung mehrerer Objekte, Thatsachen oder Erscheinungen, und hierfür bietet auf dem Felde der Geisteswissenschaften die Geschichte das unvergleichlich großartigste Hülfsmittel dar. Nur an ihr kann man alle Erscheinungen der Gegenwart messen, nur an ihr deren Wert und Zweckmäßigkeit erproben; nur bei einer historischen Betrachtung kann man zugleich begreifen, wie die eine Erscheinung die andere bedingt, zur Blüte oder zum Absterben bringt. So ist die Geschichte recht eigentlich die Erzieherin nicht nur der Menschheit — was oft gesagt ist —, sondern auch des einzelnen Menschen, zur Selbständigkeit, zur Reife des Urteils, d. h. zur Bildung, so ist die Rechtsgeschichte die Erzieherin zur juristischen Bildung.

Soll die Rechtsgeschichte aber diese erziehliche Wirkung ausüben, so ist ein Doppeltes von nöten.

Sie muß einmal die großen Züge, die entscheidenden Momente der geschichtlichen Entwickelung in voller Schärfe, in plastischer Rundung herausarbeiten und zugleich ihren geistigen Zusammenhang zu lebendigem Ausdruck bringen. Verliert der Rechtshistoriker über der verwirrenden Fülle der Einzelheiten diese großen Gesichtspunkte aus den Augen, läßt er diese leitenden Ideen zu Boden fallen, so wird sein Werk zu einer bloßen Chronik rechtshistorischer Thatsachen, bestenfalls zu einer sauberen Darstellung der einzelnen Rechtsinstitute, und bei aller Anerkennung einer solchen respektablen wissenschaftlichen Leistung sehen wir uns doch schließlich genötigt, mit dem Dichter seufzend auszurufen: Die Teile hätten wir in der Hand, fehlt leider nur das geistige Band!

Und sodann ein Zweites: Die Rechtsgeschichte darf das Recht nicht isolieren, sondern sie hat es hineinzustellen in den großen Strom der gesamten Kultur, soweit diese überhaupt die Gestaltung des Rechts beeinflußt, und aus dieser Kultur heraus hat sie seine Entwickelung zu begreifen und zu erklären. Sie muß dahin gelangen, die entscheidenden politischen und wirtschaftlichen, socialen und ethischen Faktoren eines jeden Zeitalters mit sicherem Griffe zu fassen und das Recht als das ureigenste Produkt dieser Faktoren lebendig herauszustellen. Für diese wichtigste Aufgabe der Rechtsgeschichte fehlt aber heutzutage noch fast überall das Verständnis, und unsere Gesamtdarstellungen der deutschen Rechtsgeschichte, so hohe Wertschätzung sie als wissenschaftliche Leistungen verdienen, sind wenig geeignet, dieses Verständnis zu wecken. Der Grund ist recht eigentlich ein centraler, er liegt in der Art der Fragestellung nach Aufgabe und Methode der Rechtsgeschichte als einer selbständigen Disciplin des juristischen Unterrichts.

Herkömmlicherweise tragen wir nämlich unsere Anschauung und unsere Systematik des heutigen Rechts mehr oder minder in die Rechtsgeschichte hinein; auch bei einer sog. chronologischen oder synchronistischen Darstellung unterscheiden wir Staats- und Privatrecht, Strafrecht, Gericht und Prozeß, wir unterscheiden Sachen- und Forderungsrecht, Familien- und Erbrecht, von dieser Einteilung aus nehmen wir Stellung zu der Vergangenheit, und für jede Periode der geschichtlichen Entwickelung wiederholt sie sich in ermüdender Monotonie.

Gewiß war diese neue systematische Methode schon ein Fortschritt gegenüber der alten, welche jedes einzelne Rechtsinstitut, z. B. Pfandrecht, Kauf, Miete, — Mord, Diebstahl, Ehebruch für sich allein darstellte von der Urzeit bis auf den heutigen Tag, aber auch sie isoliert das Recht, sie betrachtet es innerhalb einer jeden Periode wie ein fertiges Produkt, gewissermaßen mit den Augen des Dogmatikers, sie reißt es los von den Machtfaktoren, die es gestalten. Ich stelle daher einer jeden Art von systematischer Behandlung der Rechtsgeschichte die dynamische Behandlung, wie ich sie zu nennen pflege, gegenüber.

Rechtsdogmatik und Rechtsgeschichte haben eine völlig verschiedene Aufgabe und deshalb muß auch ihre Methode eine völlig verschiedene sein.

Die Dogmatik soll einen fertigen Zustand schildern, die Geschichte dagegen, wie schon ihr Name sagt, ein Geschehen, d. h. eine Entwickelung, nichts Fertiges, Gewordenes, sondern ein Werdendes, ja vor allem das Werden selbst.

Die Dogmatik hat daher auszugehen von einem reinlich abgeschlossenen System von Rechtsinstituten und Rechtssätzen, diese stellt sie dar, erst von ihnen geht sie alsdann rückwärts zu den wirtschaftlichen, politischen, socialen, ethischen Zwecken, die der Gesetzgeber verfolgte, und dabei wird auch eine geschichtliche Untersuchung für das Verständnis des einzelnen Rechtsinstituts und Rechtssatzes oft nützlich, selbst notwendig, bisweilen freilich auch überflüssig sein. Hier dient die rechtsgeschichtliche Untersuchung den Zwecken des geltenden Rechts, und diese Art rechtsgeschichtlicher Betrachtung wird daher zweckmäßig mit der dogmatischen Darstellung selbst verbunden. Die Rechtsgeschichte als selbständige wissenschaftliche Disciplin hat dagegen gerade den umgekehrten Weg einzuschlagen, sie hat auszugehen von den wirtschaftlichen, politischen, socialen und ethischen Machtfaktoren, welche das Recht gestalten und sie hat zu schildern, wie sie es gestalten, einerlei, auf welchem Rechtsgebiete sich ihre Wirkung zeigt. Nur so kann der junge Jurist, der vom Recht noch gar nichts weiß, gleichsam voraussetzungslos an die Rechtsgeschichte herantreten und sie dennoch völlig verstehen; nur so kann er zugleich lernen, wie sich die zwingenden Bedürfnisse des Lebens zu Rechtssätzen gestalten, wie die Rechtssätze, sozusagen, nichts sind als der krystallisierte Niederschlag dieser Lebensbedürfnisse.

Einen noch anderen Weg hat bekanntlich Jhering in seinem Meisterwerke eingeschlagen. Er ist hinabgestiegen bis in die Tiefe der römischen Volksseele und hinaufgestiegen bis zur Höhe einer ganz objektiven Betrachtung der Entwickelung des Rechts überhaupt; gegenüber der systematischen und der dynamischen Behandlung der Rechtsgeschichte kann man die seinige als die geschichtsphilosophische und die völkerpsychologische bezeichnen. Nur ein Geist gleich dem seinen könnte es wagen, den gleichen Flug auf anderem Gebiete zu unternehmen, und auch er würde, wenn er diese Behandlung zur Grundlage des juristischen Unterrichts machen wollte, alsbald dem Verständnis und dem Gesichtskreis seiner jugendlichen Hörer entschwinden.

Ich möchte auf den nachfolgenden Blättern dasjenige zu begründen versuchen, was ich die dynamische Behandlung der Rechtsgeschichte genannt habe; ich möchte den Versuch machen zu zeigen, in welcher Weise die deutsche Rechts=

geschichte darzustellen ist, wenn sie etwas anderes sein soll als ein Repertorium gelehrten Wissens, wenn sie wirklich ihre hohe Aufgabe erfüllen soll, dem jungen Juristen die reichen Bildungselemente der Vergangenheit zuzuführen. Und so glaube ich, dem Leser einen Gang durch die gesamte geschicht=
liche Entwickelung unseres Rechts zumuten zu dürfen, so schwierig es auch sein mag, den Ideengehalt eines jahrtausende=
langen Werdens in den engen Rahmen einer kurzen Abhand=
lung zusammenzupressen.

I.

Eine unendlich lange Entwickelung hatten die germanischen Völker durchgemacht, als sie in das helle Licht der Geschichte eintraten; an der Hand der vergleichenden Sprachforschung können wir in dieser Entwickelung aber zwei Hauptperioden, gleichsam zwei Kulturschichten unterscheiden.

Die erste Schicht ist die des reinen Hirtentums, sie reicht bis zur Trennung der Inder und Perser von den Westariern; die zweite Schicht gehört der Zeit an, in der sich die Westarier auf ihrem gefahrvollen Zuge nach und durch Europa im Kampfe gegen Menschen und Tiere zu einem Jagd= und Kriegervolke ausbildeten. Neben den Heer=
den, die noch immer einen Hauptbestandteil der Habe aus=
machen, wird Jagd und Krieg ein Haupterwerbszweig, und mit der Kampffreudigkeit entwickelt sich die körperliche Kraft und Kriegstüchtigkeit der Nation.

Deutlich prägen sich nun in den Rechts= und Staats=
einrichtungen dieser Urzeit beide Kulturschichten aus, ja bei

näherer Prüfung kommen wir zu dem überraschenden Resultat, daß sie nichts sind als der dauernde Niederschlag dieser politischen und wirtschaftlichen Entwicklung.

Die älteste Zeit, die Zeit des nomadisierenden Hirtentums, kennt nur die natürliche Keimzelle aller socialen Ordnung, nämlich die Familie, und zwar nicht nur den Herrschaftsverband der engeren oder Hausfamilie (Ehegatten, Eltern und Kinder), die unter der schrankenlosen Gewalt, der mund des Hausherrn steht, sondern auch den weiteren genossenschaftlichen Verband der Sippe. Die von der Natur gelegten Grundlagen der Familie sind dieselben bei einem nomadisierenden wie bei einem seßhaften Volke, deshalb ist es nicht erstaunlich, daß auch die rechtliche Gestaltung der Familie, das Familienrecht, schon in der Urzeit eine große Vollkommenheit aufweist.

Die Familie ist nach innen sibja, d. h. Frieden, Freundschaft, nach außen faida, d. h. Feindschaft, Blutrache. Streitigkeiten der Sippegenossen untereinander werden innerhalb der Familie friedlich geschlichtet, Rechtsverletzungen fremder Sippen dagegen werden gemeinschaftlich gerächt. Diese Fehde kann nur durch freiwilligen Sühnevertrag und Buße abgekauft werden, und dazu bedarf es der Zustimmung beider Sippen, des Angebots von der einen und der Annahme von der anderen Seite. Es giebt noch keine Autorität über den Sippen, nur durch ein einziges Band werden alle Sippen miteinander verknüpft, nämlich durch die gemeinsame Gottesverehrung in den gemeinsamen Volksheiligtümern: wer diese verletzt, der verletzt den geheiligten Frieden der Gottheit, er wird von allen ausgestoßen, er wird friedlos oder er wird zur Sühne der Gottheit geopfert. Von der Beschuldigung, die Gottheit verletzt zu haben, kann er sich nur durch das Zeugnis der Gottheit selbst, durch Gottesurteil reinigen.

Im Familienfrieden und im Gottesfrieden erschöpft sich die gesamte Rechtsordnung des Volks. Erst mit dem gefahrvollen Zuge nach Westen, mit der Verwandelung des nomadisierenden Hirtenvolks in ein wanderndes Kriegervolk tritt das Bedürfnis eines engeren Zusammenschlusses der einzelnen Sippen hervor, die Not zwingt sie, sich zu kriegerischen Verbänden zusammenzuthun. Das Volk gliedert sich nach Hundertschaften und Tausendschaften, also, wie die Zahl beweist, in bewußter Absicht zu taktischen Zwecken, endlich seit dem dritten Jahrhundert christlicher Zeitrechnung schließen sich sogar die ganzen Stämme zusammen, also Verbände, die alles umfassen, was sich durch Sitte, Sprache und Religion als Einheit fühlt: es sind die ersten Einheitsbestrebungen der deutschen Nation, und sie sind von innen heraus, aus der Not, aus dem politischen Bedürfnis der Urzeit erwachsen.

Mit der Entstehung eines Machtfaktors über den Sippen ist der Staat entstanden. Während die Sippe noch ein durch die Natur hergestelltes sociales Band ist, ist der Staat reine Menschenschöpfung, geschaffen zu bestimmten Zwecken, zu Zwecken des Schutzes, des Angriffs oder der Abwehr. Der Staat ist die zum Schutze aller Sippen zusammengefaßte Kraft des Volks, der Staat ist das Heer. Soll das Heer diese seine Aufgabe erfüllen, so muß Frieden in ihm herrschen, während des Krieges dürfen keine zerfleischenden Fehden unter den Sippen stattfinden, sonst ist die Kraft des Heeres dahin. Ist das Volk als Heer versammelt, so herrscht Friede, Krieg nach außen bedeutet Frieden nach innen: das ist der Heeresfrieden oder Thing=frieden. Heeresversammlung und Heeresfrieden sind zu gleicher Zeit entstanden, sie bezeichnen einen Kulturfort=schritt von welthistorischer Bedeutung. Beide, Heer und Heeresfrieden, stehen unter dem Schutze des Kriegsgottes Ziu, in seinem Namen gebietet der Priester mit feierlichen Bann=worten den Frieden, wer den Bannfrieden verletzt, verletzt auch die Gottheit und muß sie wieder versöhnen durch Frieblosig=keit oder Tod. Das versammelte Heer verhängt die Strafe über ihn, und der Priester vollzieht sie, indem er den Misse=thäter ausstößt oder der Gottheit opfert.

So wird das Heer zum Gericht; wer verletzt ist, darf sich während des Krieges nicht selbst Recht verschaffen, sondern muß sich an das Heer wenden, dieses zwingt den Verletzten in einem geordneten Verfahren zu Sühnevertrag und Buße. Was sich im Kriege bewährt hat, wird zu einer bleibenden Institution auch für die seltnere Zeit des Friedens, aber die Erinnerung an seinen Ursprung erhält sich dauernd: eine Heeresabteilung, die Hundertschaft, bleibt Gerichtsgemeinde, auch im Frieden versammelt sie sich unter dem Zeichen des Kriegsgottes Ziu, in seinem Namen gebieten die Priester den Thingfrieden, und die Hegung des Gerichts erinnert noch viele Jahrhunderte an seinen sakralen Ursprung und an die alte Wanderzeit; das Gericht ist nichts als ein ver=kleinertes Abbild des Heeres. Und es tritt dauernd in Konkurrenz mit der Selbsthülfe der Sippe, der Verletzte hat die Wahl, ob er den Fehdegang oder den Rechtsgang beschreiten will, er kann nunmehr durch das Gericht den Ver=letzten zum Sühnevertrag und zur Buße zwingen, er ist nicht mehr auf deſſen Zuſtimmung zum Sühnevertrag angewieſen: abermals ein Kulturfortſchritt von eminenter Bedeutung, bei dem ſich aber der Staat nunmehr für Jahrhunderte beruhigt; erſt langſam und ſpät verdrängt die Majeſtät des Gerichts das Recht der Selbſthülfe vollſtändig aus dem Leben der Nation.

So iſt zum Familienfrieden und zum Gottesfrieden noch der Heeresfrieden und der Gerichtsfrieden hinzugekommen, aber beide ſind nicht die einzigen rechtlichen Produkte des kriegeriſchen Wanderlebens.

Das Heer ſteht unter einem Feldherrn, dem Herzog, ſpäter dem König, die einzelne Heeresabteilung unter einem Häuptling, der zugleich Richter iſt. Häuptling und König ſind meiſtens zugleich Prieſter, Heeresgewalt und Heeresbann ſind daher in einer Hand vereinigt, und in dem Bann ſchmiedet der König ſich ſpäter die Waffe zu dauernder Herrſchermacht in Krieg und Frieden.

Die kriegeriſche Lebensweiſe bildet endlich auch jene eigentümliche Standesgliederung der Nation heraus, welche in der Verſchiedenheit des Wergeldes ihren ſichtbaren Ausdruck findet: der Adel als die durch kriegeriſche Tüchtigkeit ſich vor der Maſſe der Gemeinfreien auszeichnenden Herrengeſchlechter, die Knechtſchaft als Folge der Kriegsgefangenſchaft und die Hörigkeit als Folge der Unterwerfung ganzer Völker.

So ſehen wir alſo das Recht der Urzeit völlig beherrſcht durch zwei Machtfaktoren, einen ethiſchen: die Familie und einen politiſchen: das Heer. Das Familienrecht, ſoweit es Recht der Hausfamilie iſt, tritt uns reif und weſentlich fertig entgegen, ſoweit es dagegen Recht der

Sippe ift, war es zum Abſterben beſtimmt und wird zurück=
gedrängt durch das Recht des Heeres, b. h. des Staates,
welches noch im Werden iſt: unter dem Druck der Wander=
not erzeugt das Heer aus ſich heraus Herzogtum und
Königtum und damit den Sicherheitsapparat nach außen,
es erzeugt ferner Gericht und Prozeß und damit den
Sicherheitsapparat nach innen.

Wachſende Macht des Staates und Zurückdrängen der
Macht der Sippe; wachſende Macht des Königtums und
Zurückdrängen der Macht des Volks: das ſind die Zeichen
einer neuen Zeit, in denen die Urzeit des deutſchen Rechtes
ausklingt.

II.

Mit dieſer geringen Ausſtattung an Rechts= und Staats=
einrichtungen, aber als eine Reihe geſchloſſener Stammes=
monarchieen, beginnen die germaniſchen Völker die große welt=
geſchichtliche Aufgabe, die ihrer harrt. So ausgeſtattet betritt
auch der fränkiſche Stamm, dem die Zukunft gehören ſollte,
die Bühne der Weltgeſchichte, und das fränkiſche König=
tum tritt damit in den Mittelpunkt der rechtsgeſchichtlichen
Betrachtung. Aufgebaut auf die drei großen Grundlagen der
Königstreue, des Königsfriedens und des Königs=
bannes, ift es an ſich nichts als die natürliche Fortbildung
des alten germaniſchen Volkskönigtums, nachdem eine letzte
große Wanderperiode abgeſchloſſen war, welche wir techniſch
die Völkerwanderung zu nennen pflegen, und nachdem
damit die deutſchen Stämme ſämtlich zur Seßhaftigkeit über=
gegangen waren.

Aber drei gewaltige Machtfaktoren sind es gewesen, die nunmehr auf Jahrhunderte hinaus das Rechtsleben der Nation wesentlich bestimmt haben: ein **politischer**, nämlich das **römische Reich**, ein **ethischer**, nämlich die **christliche Kirche** und ein **wirtschaftlicher**, der **Grundbesitz**.

1. Vielseitig waren die Wirkungen, welche die **römische Kulturwelt** auf die germanischen Völker ausübte, aber gerade die Franken und gar erst die im eigentlichen Deutschland seßhaft gewordenen Stämme sind verhältnismäßig wenig und erst spät davon berührt worden. Und das gilt besonders von dem **Staats- und Rechtsleben** dieser Völker. Eine direkte und unveränderte Aufnahme römischer Rechtseinrichtungen hat fast gar nicht stattgefunden und selbst die indirekten Einflüsse wurden zunächst mehr an der Oberfläche sichtbar.

Das römische **Geld- und Finanzwesen**, das römische **Beamtentum**, die **städtischen Einrichtungen** der Römer ließen keine sehr tiefen Spuren im fränkischen Reiche zurück. Viel wichtiger war schon der Einfluß des römischen **Schriftwesens**; dies hat zu einem ausgedehnten Gebrauch der **Urkunde** und damit zu einer bis dahin ungeahnten Rechtssicherheit, es hat zugleich zu einer großen Ausbildung des **Formelwesens** geführt; das römische Schriftwesen hat auch die Aufzeichnung der alten **Volksrechte** ermöglicht und diesen damit selber das Mittel gewährt, um sich gegen die Macht des römischen Rechts zu behaupten.

Von gewaltiger weltgeschichtlicher Bedeutung aber ist die rein politische **Idee des römischen Reichs** geworden,

b. h. eines Staatengebildes, das über den Stammes=
verschiedenheiten steht, eine Idee, der schon die Mero=
winger vorgearbeitet hatten, die aber wesentlich erst durch die
Karolinger aufgegriffen wurde und in der römischen
Kaiserkrone Karls des Großen ihren weithin sichtbaren
Ausdruck fand.

Gegenüber den natürlichen Einheitsbestrebungen, welche
in der Not der Wanderzeit erst zum Völkerschaftsstaat und
schließlich zum Stammesstaat geführt hatten, können wir die
fränkische und insbesondere die karolingische Zeit als die
Periode der oktroyierten Einheitsbestrebungen be=
zeichnen. Dabei kam den fränkischen Königen die eigentümliche,
den Römern kongeniale staatsmännische Begabung des frän=
kischen Stammes zu gute, vor allem die Fähigkeit, umfassende
Verwaltungsorganisationen zu schaffen, eine Fähigkeit, welche
ihre Nachkommen, die Franzosen, von ihnen geerbt haben.
Sie zerschlugen die Stammesgebiete in Departements und
Arrondissements, nämlich in Grafschaften und Hundertschaften,
durch ihre Beamten, Grafen und missi, und mit Hülfe
einer großartigen Kapitulariengesetzgebung durch=
tränkten sie das ganze Reich mit fränkischen Rechtseinrich=
tungen; nicht nur die Institute des öffentlichen Rechts, des
Heeres= und Gerichtswesens, sondern auch die des Privatrechts
suchten sie mehr und mehr zu einem Reichsrecht zu gestalten,
ja, selbst an eine vollständige Beseitigung der Stammesrechte
wurde nach der Annahme des Kaisertitels gedacht: als ein
römisches Kaiserreich fränkischer Nation können wir
dieses angestrebte Universalreich bezeichnen.

Trotzdem sind diese oktroyierten Einheitsbestrebungen nur
zum Teil gelungen. Der Stammespartikularismus war noch

viel zu mächtig, um selbst von der starken Hand Karls des
Großen dauernd zurückgedrängt zu werden. Am Ende der
fränkischen Zeit erhebt sich das unterdrückte Stammesherzog=
tum von neuem, und diese Periode schließt daher im wesent=
lichen mit derselben politischen Einheit ab, mit der sie begann:
mit dem Stammesstaat.

Aber eins war allerdings dauernd gewonnen, nämlich
die Idee von Kaiser und Reich. Sie wurzelte sich ein
nicht nur in der Phantasie, sondern auch in der Verfassung
des deutschen Volks. Das Kaisertum blieb trotz der zer=
fleischenden Kämpfe zwischen den Stämmen eine organische
Institution über den Stämmen, eine Macht, von der die
Häupter der Stämme, die Herzöge als Vasallen des Kaisers
erst ihre eigene Machtbefugnis ableiteten.

2. Ein wichtiges Mittel, dessen sich das fränkische
Königtum bei diesen Einheitsbestrebungen bediente, war das
Christentum: die Einheit der Religion mußte der Einheit
des Staats und Rechts vorausgehen, und soweit die deutschen
Stämme nicht schon früher dem Heidentum oder dem Aria=
nismus entzogen waren, wurden sie durch die fränkischen
Könige für das katholische Christentum gewonnen.

Die unermeßliche Bedeutung, welche das Christentum in
Gestalt der katholischen Kirche für das gesamte Staats= und
Rechtsleben des Abendlandes erlangt hat, brauche ich nur
anzudeuten. Der Idee des universalen römischen Kaisertums
entspricht die Idee der universalen römischen Kirche, dem
Kaiser parallel geht der Papst, dem Laienstand ein geistlicher
Stand, dem weltlichen Fürstentum der Herzöge und Grafen
das geistliche Fürstentum der Bischöfe und Äbte, dem welt=
lichen Recht ein geistliches Recht, dem weltlichen Gericht ein

geiſtliches Gericht: ein gewaltiger, das ganze Daſein des Staats wie des Einzelnen beherrſchender **Dualismus** durchdringt das Leben der Nation. Angewieſen auf ein friedliches Nebeneinanderwirken, Jeder in ſeiner Sphäre, geraten beide Faktoren in einen Kampf um die Macht, aus welchem, aber erſt in der folgenden Periode des eigentlichen Mittelalters, die Kirche als Siegerin hervorgeht.

Doch nicht entfernt erſchöpft ſich hierin der Einfluß, den die Kirche auf das Rechtsleben ausgeübt hat. Sie hat der Menſchlichkeit auf dem Gebiete des deutſchen Rechts zum erſten Male eine Stätte bereitet, umgeſtaltend hat ſie das Strafrecht beeinflußt, tief ſind die Spuren ihres Wirkens dem Prozeßweſen eingedrückt, mildernd und ausgleichend hat ſie das barbariſche Fremdenrecht abgeſchwächt, auf weite Gebiete ſelbſt des Privatrechts hat ſie beſtimmend eingewirkt.

Nicht ſtets und nicht ausſchließlich im günſtigen Sinne. Aber — und das ſollte niemals vergeſſen werden — die Kirche hat zum erſten Male die großen **ſocialen** Aufgaben der Bekämpfung der Unwiſſenheit, des Schutzes der wirtſchaftlich Schwachen, der Armen, der Kranken, der Knechte in die Hand genommen, ſie hat nicht nur als **geiſtliche Heils**anſtalt, ſie hat im eminenten Sinne auch als **ſociale Heils**anſtalt gewirkt. Und dazu war aller Anlaß vorhanden, denn zum erſten Male trat in dieſer Zeit die **große ſociale Frage** mit ihrem rätſelhaften Sphinxantlitz vor das Auge der Nation. Das aber geſchah infolge der gewaltigen Umwälzungen, welche der **dritte** große Machtfaktor hervorgerufen hatte, der das Rechtsleben dieſer Periode beherrſcht, nämlich der **Grundbeſitz**.

3. Schon mindestens ein Jahrtausend vor dem Beginn unserer Zeitrechnung, schon vor ihrer Trennung von den vier Schwesternationen, den Griechen und Italikern, den Kelten und Slaven, kannten die Germanen den Ackerbau, aber er spielte keine große Rolle im Wirtschaftsleben der Nation. Noch zu Cäsars Zeit nutzten die Sippenverbände das Ackerland gemeinsam aus, das Agrarwesen stand also unter dem Familienrechte, und selbst zu Tacitus' Zeit war zwar eine Sondernutzung, aber noch kein Sondereigentum an dem Ackerlande entstanden.

Dies geschieht erst, nachdem die germanischen Stämme definitiv seßhaft geworden sind, der Grundbesitz wird nunmehr zum entscheidenden wirtschaftlichen Faktor, um schließlich nicht nur das Vermögensrecht, sondern auch das öffentliche Recht der Nation völlig zu beherrschen. Niemals vorher oder nachher, soweit wir die Geschichte der Menschheit kennen, ist in gleichem Maße ein wirtschaftlicher Faktor zur entscheidenden Potenz für das öffentliche und Privatrecht eines Kulturvolks geworden. Es ist fast unmöglich, mit wenigen Strichen diese ebenso großartige wie eigentümliche Entwickelung zu zeichnen.

Mit dem Privateigentum am Grund und Boden entsteht ein umfassendes Immobiliarsachenrecht, und zwar bald in den Grundzügen vorgezeichnet, wie es sich bis auf den heutigen Tag bewährt hat; es entsteht ein Besitzrecht, das Recht der Gewere, praktisch von einer Vorzüglichkeit, daß das römische Besitzrecht dahinter zurückbleibt; das Erbrecht wird stark von agrarischen Tendenzen beeinflußt, und selbst im ehelichen Güterrecht knüpft die Entwickelung, welche zur Gütergemeinschaft hindrängt, wesentlich an die

Neugestaltung an, welche die Morgengabe im fränkischen Immobiliarsachenrecht erhalten hat. Mit der Seßhaftigkeit des Volks verwandeln sich ferner die alten Familien- und Heeresverbände in territoriale Verbände, die Sippe wird zur Gemeinde, die Hundertschaft wird zum Gau. Die Gemeinde aber hat ausschließlich agrarische Funktionen, nämlich die rationelle Ausbeutung des Allmendguts, erst mit der Hundertschaft beginnt der niedrigste politische Verband. Alsbald reichte die kleine Hufe, welche neben Viehzucht und Jagd früher die Familie reichlich ernährt hatte, nicht mehr zum Unterhalte aus, zumal wenn gleichzeitig die drückenden öffentlichen Pflichten, Militärdienst und Gerichtsdienst erfüllt werden sollten. Wer gar noch das Unglück hatte, Buße oder Wergeld zahlen zu müssen, sank unfehlbar zur vollsten Paupertät herab. Der Gegensatz von Reichtum und Armut machte sich in erschreckendem Maße geltend. Zwar war Grundbesitz genug vorhanden, aber er befand sich zum größten Teil in der Hand der Kirche und der weltlichen Großen. Nur durch Ergebung in die zinsbare Abhängigkeit, also durch Minderung oder Aufgabe ihrer Unabhängigkeit konnte die große Masse der Gemeinfreien sich zugleich den drückenden öffentlichen Pflichten entziehen, Schutz und genügenden Landbesitz von den Großgrundbesitzern erhalten und sich so eine befriedigende wirtschaftliche Existenz sichern. Der Großgrundbesitzer wurde ihr Senior, Seigneur, ihr Grundherr, die direkte Unterordnung unter die königlichen Beamten war damit so gut wie gelöst, Immunität und Patrimonialgerichtsbarkeit schlossen sich als notwendige Folgen an, und so trat die privatrechtliche Gewalt des Grundherrn an die Stelle der öffentlichen Gewalt des Grafen: eine Entwickelung, die unter den sächsischen Kaisern ihren definitiven Abschluß findet.

Wie in den niederen Kreisen des Volks, so trat aber auch in den höheren und höchsten Kreisen eine **privatrechtliche Abhängigkeit** an die Stelle der **öffentlichrechtlichen**, und zwar ebenfalls auf der Basis des Grundbesitzes: was dort im Zinsgut und in der **grundherrlichen** Unterordnung, das findet hier im Lehngut und in der **feudalen** Unterordnung seinen Ausdruck. Die veränderte Kriegsweise, die Notwendigkeit, anfangs gegen die Mauren, später gegen die Ungarn Reiterheere aufzustellen, führte zu der Verleihung von Lehngütern gegen die Verpflichtung zum Reiterdienste, und es schob sich zwischen den großen Grundherren, den späteren Fürsten, und der Masse des bäuerlichen Kleinbesitzes der mittlere Grundbesitz, der Berufsstand der ritterlichen Vasallen ein, der mit den unfreien Rittern, den Ministerialen, später den niederen Adel bildete. So wurde auch die alte rechtliche Gliederung nach Geburtsständen durch eine neue sociale Gliederung nach der Größe des Grundbesitzes und der dadurch bedingten Berufsweise verdrängt. Und nicht nur die Heerpflicht, sondern auch die Gerichtspflicht vermag allein noch von dem mittleren Grundbesitz getragen zu werden, schon die Schöffenverfassung Karls des Großen macht ihn zum Hauptträger der Gerichtspflicht. Überall, auf den Höhen und in den Niederungen des Volks, im öffentlichen wie im Privatrecht erscheint der Grundbesitz als der entscheidende Faktor: wir können das Resultat dieser Entwickelung als **die Alleinherrschaft des Agrarwesens** bezeichnen.

Und so tritt die deutsche Nation, nunmehr seit dem Vertrage von Verdun auf sich selbst gestellt, in das zweite Jahrtausend christlicher Zeitrechnung, in das eigentliche Mittelalter ein. Zu dem hochentwickelten Familienrecht hat sich ein fein durchgebildetes Immobiliarsachenrecht gesellt, hinter dem das Verkehrsrecht noch sehr zurückbleibt. Im Lehns= und Zins= wesen, im Stände= und Gerichtswesen beherrscht der Grund= besitz nicht nur das privatwirtschaftliche, sondern auch das öffentliche Leben der Nation. Die Kirche ist im Begriff, den Gipfel ihrer Machtstellung zu erreichen. Das römische Kaiser= tum faßt die einzelnen Teile dieses föderativen Staatswesens locker zusammen, während die Stammesherzogtümer doch die entscheidenden politischen Mächte sind und der Kaiser nur als Herzog seiner Hausmacht eine selbständige politische Rolle zu spielen vermag.

III.

Während dieses eigentlichen Mittelalters sind es zwei ge= waltige Momente gewesen, ein politisches und ein wirtschaft= liches, welche das Staats= und Rechtsleben des deutschen Volkes in entscheidender Weise beeinflußt haben, nämlich die **Überwindung des zähen Stammespartikularis= mus durch Zertrümmerung der alten Stammes= herzogtümer und sodann die Entstehung der Städte.**
1. Was das fränkische Königtum durch seine Verwaltungs= organisation und Kapitulariengesetzgebung vergeblich angestrebt hatte, das gelingt dem Kaisertum bis zum 12. Jahrhundert: es ist die letzte große Machtäußerung des Kaisertums, vor allem auch die That Friedrich Barbarossas, der den größten

Repräsentanten des Stammesherzogtums, Heinrich den Löwen, niederzwingt. Die Stammesherzogtümer werden völlig aufgelöst, und eine unendlich große Zahl mittlerer, kleiner und kleinster Territorien: Herzogtümer, Fürstentümer, Bistümer, Grafschaften und freie Herrschaften geht schließlich aus ihnen hervor. Scheinbar bedeutet dies den denkbar schärfsten Gegensatz zu den Einheitsbestrebungen der fränkischen Zeit; denn nicht Kaiser und Reich, nicht kaiserliche und Reichsbeamte nahmen die Stelle der Stammesherzöge ein, sondern Territorialherren mit einer ähnlichen, fast selbständigen Machtstellung; scheinbar bedeutete dies also den höchsten Triumph und Gipfelpunkt des Partikularismus.

Aber wenn wir diese politische Zersplitterung von der höheren Warte eines gereiften geschichtlichen Verständnisses aus betrachten, dann erkennen wir darin die notwendige Vorstufe für eine spätere Einigung der Nation. Denn an die Stelle lebensfähiger, durch Größe und Macht gesicherter, durch Sprache, Sitte und Recht zusammengehaltener staatlicher Gebilde traten großenteils lebensunfähige, willkürlich zusammengewürfelte, jeder natürlichen Einheit entbehrende Territorien, vielfach Karrikaturen eines vernünftigen Staatswesens. Umgekehrt aber trat schon durch sie der Gedanke eines Staates, der über den Stämmen oder wenigstens unabhängig von den Stämmen dasteht, in anderer Form wieder in den Gesichtskreis der Nation. Und gerade diese große Zersplitterung bot zugleich die Möglichkeit, daß eine zielbewußte Macht, mochte es die Centralgewalt selber sein, oder mochte sie erst aus den Territorien hervorgehen, sich zur Oberherrin der zahllosen kleinen Staatsgebilde aufwarf, während die gleich mächtigen Stammesherzogtümer sich gegenseitig die Wage gehalten hatten. Die Hohenstaufen wären vielleicht im stande gewesen, eine solche Wiedergeburt des Kaisertums herbeizuführen, aber sie zersplitterten in Italien ihre Kräfte, und so war es gerade der bedeutendste Kaiser aus diesem glänzenden Herrschergeschlecht, Friedrich II., der die Selbständigkeit des Territorialfürstentums und damit die Ohnmacht des Kaisertums durch zwei große Gesetze ausdrücklich sanktionierte.

Nur aus den **Territorialgebieten** konnte fortan noch die Großmacht hervorgehen, welche die Vorherrschaft in Deutschland erringen sollte; aber hierzu war vorerst erforderlich, daß diese Territorien sich aus privatrechtlich gestalteten großen Latifundien zu wirklichen **Staaten** entwickelten. Und dafür fehlten im Mittelalter noch fast alle Vorbedingungen; nur in den **Kurfürstentümern** zeigten sich — wie ich nachher ausführen will — die ersten Ansätze dazu. Mit der Grafschaftsverfassung waren die staatlichen Einrichtungen der fränkischen Zeit fast völlig zerstört; wie der Kaiser abhängig wurde von seinen **Reichsständen**, so wurden die Fürsten abhängig von ihren **Landständen**; Lehenswesen und Grundherrschaft, Reichsstände und Landstände bedeuten die **Bankerotterklärung des öffentlichen Rechts.** Indem auch noch der alte Stammesstaat aus den Fugen ging, ging das alte Stammesrecht mit aus den Fugen, ein weitgehender **Partikularismus des Rechts** griff Platz, an dem wir noch heute kranken und für den die **volkstümliche** Weiterbildung des Rechts in **Weistümern** und **Schöffensprüchen** nur einen kümmerlichen Ersatz bot. In völliger Ohnmacht gegenüber den destruktiven Tendenzen der Zeit waren die Obrigkeiten nirgends mehr der Aufgabe des

Staates gewachsen, Hüter der Ordnung und Gesittung zu sein, und damit trat auf allen Gebieten des Staats- und Rechtslebens die Selbsthülfe wieder in ihr natürliches Recht. Wenn man von der mittelalterlichen Selbsthülfe spricht, so denkt jedermann gewiß zuerst an Faustrecht, Fehdewesen und Raubrittertum; aber dies waren illegitime Erscheinungen, welche auch damals größenteils als Mißbräuche empfunden und durch Landfrieden bekämpft wurden. Ich denke dabei vielmehr an Erscheinungen, die einen höchst legitimen Eindruck machen, nämlich an die Rechtsbücher und an die großartige Entfaltung des Genossenschaftswesens, Erscheinungen, welche erst von diesem Gesichtspunkte der notwendigen Selbsthülfe aus ihre richtige rechtsgeschichtliche Beleuchtung erhalten.

Wenn nämlich der Staat nicht mehr wie früher die Aufzeichnung des Rechts selber in die Hand nahm, dann mußten Privatleute an seine Stelle treten, die, wie Eike von Repgow, Rechtsbücher niederschrieben und damit zugleich die primitiven Anfänge einer Rechtswissenschaft zeitigten. Und wenn der Staat dem Einzelnen nicht mehr die Sicherheit von Leben und Eigentum gewährleistete, während doch der alte natürliche Rückhalt der Sippe verschwunden war, dann mußten gewillkürte Verbände, Genossenschaften an seine Stelle treten, welche gegenüber den centrifugalen Tendenzen in Reich und Staat das notwendige centripetale Gegengewicht bildeten. Von den niedrigsten landwirtschaftlichen Verbänden an, über Gilden und Zünfte hinweg, über die Landstände hinweg, welche zu reinen korporativen Interessenvertretungen werden, bis zu den großen Ritter- und Städtebündnissen, vor allem der Hansa mit ihren gewaltigen politischen Aufgaben, ist das ganze Leben der Nation von solchen genossenschaftlichen Verbänden durchsetzt. Ja sogar das Gerichtswesen in seiner eigentümlichsten Gestaltung, der heiligen Vehme, ist schließlich nichts als ein riesiger Geheimbund der Wissenden zur Aufrechterhaltung von Recht, Ordnung und kirchlicher Zucht im ganzen Reiche: neben der Hansa ist sie das großartigste Produkt dieser genossenschaftlichen Selbsthülfe auf dem Gebiete des öffentlichen Rechts.

2. Mit den Städtebündnissen habe ich schon das **zweite Moment** berührt, welches für das Rechtsleben seit dem Mittelalter von entscheidender Bedeutung wird, nämlich die **Städte**. Während die Nation in die kleine Klasse der herrschenden **Abeligen** und in die große Klasse der beherrschten **Bauern** zerfällt, kommt in den Städten eine dritte Klasse auf: der **Bürgerstand**, der Kaufmanns- und Gewerbestand, der sich als **Mittelstand** zwischen beiden Klassen einschiebt und bestimmt ist, der Träger der Kultur für Industrie und Handwerk, später auch für Kunst und Wissenschaft zu werden. Aber nicht diese kulturelle Bedeutung kommt hier in Betracht und ebensowenig der große politische Einfluß, den die Städte gehabt haben, und der ja in Wahrheit das Mittelalter nicht überdauerte.

Der für die Rechtsentwickelung dauernd bedeutsame Einfluß der Städte liegt vielmehr darin, daß sie **Märkte, d. h. Geschöpfe und zugleich Träger des Handels** gewesen sind; daß in ihnen und durch sie in Deutschland wie überall der **Mobiliarverkehr** seine entscheidende wirtschaftliche und damit rechtliche Bedeutung erlangt hat.

Schon die **Urzeit** kannte ja in den Viehheerden einen beträchtlichen Mobiliarbesitz; aber er ist eben Besitz,

dient zur Nutzung des Eigentümers, höchstens noch als Wert=
messer (pecus, pecunia) und gelegentliches Tauschmittel. In
der Stadt erst wird die Mobilie zur Ware, d. h. ihr
Zweck wird Umsatz; in der Stadt erst wird das Geld zum
Kapital, d. h. zum Werkzeug für den Umsatz. Ein wirk=
licher Güterverkehr und ein Verkehrsrecht, das ihn re=
gelt, entsteht erst mit dem Handel. Das Verkehrsrecht aber
ist sowohl Mobiliarsachenrecht wie Obligationenrecht; wirt=
schaftlich gehören beide eng zusammen.

Die Städte haben ein vorzügliches Mobiliarsachen=
recht geschaffen. In glücklichster Weise kam ihnen dabei ein
Rechtsgedanke zu Hülfe, der, wie es scheint, schon der Urzeit
angehört und der später in dem bekannten Sprichwort „Hand
muß Hand wahren" seinen Ausdruck gefunden hat. Diesen
Rechtssatz haben die Städte für die neuen Bedürfnisse des
Handels unter dem Gesichtspunkte der bona fides fort=
gebildet, und so sind wir auch zum Art. 306 des Handels=
gesetzbuchs gekommen. Die Städte haben aber auch begonnen,
das in dürftigen Anfängen befindliche Obligationenrecht
zu einem wahren Verkehrsrecht auszugestalten, insbesondere
durch die Schöpfung der Inhaber= und Ordrepapiere
und vor allem durch die Ausbildung des Instituts der
Stellvertretung, welches allein einen Handelsverkehr
ohne Sklaven ermöglicht; endlich auch durch die Reformie=
rung des Pfandrechts und Schaffung einer neuen Kredit=
basis.

So trat zu dem Familienrechte, welches schon die Urzeit
geschaffen hatte, und zu dem Immobiliarsachenrecht, welches
die fränkische Zeit hervorgebracht hatte, ein brauchbares Ver=
kehrsrecht, als der dritte große Teil unseres Privatrechts

hinzu; aber ehe das Mittelalter diese seine zukunftsreiche Schöpfung vollendete, wurde ihm ein Obligationenrecht entgegengebracht in einer Vollkommenheit, die kaum zu erreichen, jedenfalls nicht zu übertreffen war: durch die Reception des römischen und des mittelalterlich-italienischen Rechts.

IV.

Damit aber beginnt die letzte Periode der deutschen Rechtsgeschichte, an deren Ende, wenn nicht alles täuscht, wir heute stehen. Auch sie wird durch zwei entscheidende Momente beherrscht: einmal nämlich eben die Reception des römischen Rechts, und sodann die Entstehung des modernen Staats.

1. Die Reception des römischen Rechts ist nicht nur eine der wunderbarsten Erscheinungen der Rechtsgeschichte aller Zeiten und Völker, es giebt auch keine zweite rechtsgeschichtliche Erscheinung, welche so lehrreich wäre wie sie. Ja, ich möchte behaupten, daß wer nur in die Gründe der Reception wirklich eingedrungen ist, den Namen eines Juristen verdient. Vor der nüchternen Wirklichkeit dieser Receptionsgeschichte zerflattern alle romantischen Ideen über das pflanzenähnliche Wachsen des Rechts, alle jene phantastischen Vorstellungen von dem Wesen des Gewohnheitsrechts als einer Volksüberzeugung, und sie zeigt die realen Mächte, welche das Recht gestalten, ich möchte sagen in ihrer nackten Brutalität.

Vielleicht noch lehrreicher als die Gründe der Reception sind die Wirkungen, welche die Reception gehabt hat. Diese Wirkungen sind dreifacher Art, und ihre Würdigung erschließt uns die tiefsten Einblicke in eine Reihe der wichtigsten Probleme des modernen Staats- und Rechtslebens.

Zunächst die **Aufnahme des Rechtsstoffs selber**, die Übernahme römischer Rechtsinstitute in die heimische Rechtsanwendung, also das, woran man zuerst denkt, wenn man von der Reception des römischen Rechts spricht. Sie geschah anfangs in mechanischer, gedankenloser Weise, ohne Schonung des deutschen Rechts; um so lebhafter mußte der Kampf zwischen beiden Rechten werden, und es beginnt eine Periode des Ausscheidens und Sonderns, welche zwar im großen und ganzen abgeschlossen ist, aber im einzelnen noch heute fortdauert. Diese Reception des Rechtsstoffes nötigte alsbald zu jenen Neugestaltungen des geschriebenen heimischen Rechts, welche als **Reformationen der Stadt- und Landrechte** bekannt sind. Sie zeigte aber zugleich in dem corpus juris das Beispiel eines großen Gesetzgebungswerkes, die Möglichkeit einheitlichen Rechts für ein weites Reich, und sie führte zu einer Reihe von **gesetzgeberischen Leistungen**, der Carolina, den Reichskammergerichts- und Polizei-Ordnungen, dem Jüngsten Reichsabschied, welche, in Verbindung mit dem corpus juris selbst und mit der Rechtsprechung der Reichsgerichte, auf vielen Rechtsgebieten eine Einheit für ganz Deutschland anbahnten. Sie führte aber schließlich auch zu den großen **Kodifikationen** des Partikularrechts, dem Preußischen Landrecht, dem Österreichischen Bürgerlichen Gesetzbuche, und diese Entwickelungsreihe wird ihren formellen Abschluß finden durch das Bürgerliche Gesetzbuch für das Deutsche Reich.

Die zweite Wirkung der Reception war ihr Einfluß

auf die Rechtswissenschaft oder, richtiger gesagt: die
Entstehung einer wirklichen Rechtswissenschaft für Deutsch=
land; hier mündet bekanntlich die Rechtsgeschichte in jene ge=
waltige Kulturbewegung ein, welche wir als Renaissance
zu bezeichnen pflegen, und damit eröffnet sich uns wieder eine
Perspektive von weltgeschichtlicher Weite. An dieser Wirkung
der Reception nehmen auch diejenigen Völker teil, bei denen —
wie bei den Engländern — eine direkte Aufnahme römischen
Rechtsstoffes überhaupt nicht stattgefunden hat.

Erst neuerlich aber beginnen wir uns mehr und mehr
auch der Schranken bewußt zu werden, welche die römische
und romanistische Rechtswissenschaft einengten. Neben einem
wunderbaren bon sens, einem hochgesteigerten Verständnis
für die Bedürfnisse des Verkehrs, neben einer feinen Durch=
bildung, ja Vergeistigung der juristischen Technik, die zu einer
fast wie ein Uhrwerk wirkenden Handhabung der wissenschaft=
lichen Methode führt, — neben allen diesen Lichtseiten fehlen
doch auch die Schatten nicht: vor allem die wesentlich
individualistische Auffassung aller wirtschaftlichen und
gesellschaftlichen Interessenkonflikte, die asoziale Natur des
römischen Rechts und der römischen Rechtswissenschaft. Erst
in der späteren Kaiserzeit, unter dem Einfluß des Christen=
tums, findet hier ein Wandel statt, und wenn man uns lange
Zeit gelehrt hatte, in den — formell freilich wenig an=
mutenden — Resultaten dieser spätesten Entwickelung nichts
als „humane Verirrungen", nichts als „Auswüchse" an dem ge=
sunden Baum des römischen Rechts zu sehen, so erkennen wir
jetzt hierin den berechtigten Ausdruck einer neuen Welt=
anschauung auch auf dem Gebiete des Rechts, wir spüren in
diesen Erscheinungen den Odem einer neuen Zeit.

Die Reception des römischen Rechts hat aber **drittens** eine tiefe und vielleicht die einschneidendste Bedeutung gewonnen durch die Bildung eines **Juristenstandes**, mit der die Schöpfung einer völlig neuen **Gerichtsorganisation** und eines neuen **Prozeßverfahrens** im engsten Zusammenhange stand.

Die Rechtsanwendung ward nunmehr zu einem **Lebensberuf**, und **nicht mehr die praktische Handhabung** der Rechtsprechung und Verwaltung, sondern das **Bücherstudium** bildete die Vorbereitung auf diesen Beruf. Da Richter und Verwaltungsbeamte sich fast ausschließlich aus dem Kreise der doctores juris rekrutierten, so entstand ein Beamtentum mit einseitig-theoretischer, ja eigentlich civilistischer Vorbildung, und dies hat zu dem maßlosen Überwuchern und Überschätzen des Schreiberwesens, des Regierens vom Schreibtisch aus, in unserer gesamten Verwaltung geführt, kurz zu der modernen **Büreaukratie**.

Bloße praktische Anschauungsbildung ohne methodische Grundlegung führt leicht zum Dilettantismus und seichten Rationalismus; aber bloße theoretische Bildung ohne lebendigen Augenschein führt umgekehrt zu einer mechanischen, schablonenhaften Behandlung der Dinge, kurz zur **Routine**, die der Tod aller frischen, entschlossenen Initiative ist. Jenes schadet mehr dem Juristen, dieses mehr dem Verwaltungsbeamten und Gesetzgeber. Der Hofkriegsrat, der einem Prinz Eugen vom grünen Tische aus vorschreiben will, wie er avancieren und retirieren soll, ist der ideale Repräsentant dieser Bureaukratie.

„Viel Lesen," sagt Lichtenberg, „macht stolz und pedantisch, viel Sehen macht weise, verträglich und nützlich." Die einseitig bureaukratische Bildung züchtet Beamte, aber keine Staatsmänner, Beamte, die in normalen Zeiten das Staatsschiff sacht und gemächlich, ehrbar und treu weiterführen, aber in Zeiten großer wirtschaftlicher oder socialer Krisen versagen sie; es fehlt ihnen die Ideenfrische, der Wagemut, die Unmittelbarkeit des Entschlusses, und wehe dem Volke, das dann nicht einen genialen Empiriker besitzt, der mit unbefangenem Sinne und sicherer Hand das Steuerruder ergreift.

2. Diese Betrachtung aber hat uns schon mitten hineingeführt in die zweite gewaltige Erscheinung, welche unser Rechtsleben seit dem Mittelalter beherrscht, nämlich die Entstehung des modernen Staates.

Nicht auf dem gelockerten Boden des Reichs, und nicht in den engen Mauern der Städte entsteht der moderne Staat, sondern innerhalb der Landesterritorien.

Die Städte haben mit dem Ende des Mittelalters, gerade als ihre wirtschaftliche Bedeutung in voller Blüte stand, ihre große politische Rolle ausgespielt, und nur durch den Fortbestand der Schöffenstühle bleiben sie noch eine Zeitlang Träger des nationalen Rechts und behalten dadurch eine gewisse rechtsgeschichtliche Bedeutung.

Das Reich aber verfällt einer unaufhaltbaren Verwesung; nachdem durch die Kreiseinteilung und die Errichtung eines Reichsregiments noch ein letzter Belebungsversuch gemacht worden war, gelingt es nicht mehr, diesen Leichnam zu galvanisieren. Und nicht beim Kaiser, sondern beim Reichstag liegt der Schwerpunkt selbst der dürftigen letzten Lebensäußerungen des Reichs; in einer Staatenrepublik mit monarchischer Scheinspitze, und zwar auf losester föderativer

Grundlage, geht das öffentliche Recht dieses machtlosen Staatswesens zu Ende.

Die Territorien sind es, in denen der moderne Staat entsteht, und das deutsche Fürstentum ist es gewesen, welches diesen Staat geschaffen hat. Hier kam ihm die romanistische Jurisprudenz, ihre Identifizierung der Landesherrlichkeit mit dem römischen Prinzipat zu Hülfe. In hartem Kampfe gegen die privatrechtlichen Grundlagen seiner Herrschermacht gelingt es dem Fürstentum, die Staatsgewalt auf eine öffentlich-rechtliche Basis zu stellen, und so haben die Landesherren, indem sie ihre eigene souveraineté auf einen rocher de bronce zu stabilisieren suchten, in Wahrheit zugleich für den modernen Rechtsstaat die Wege gebahnt.

Das erste war die Schaffung eines wirklichen Staatsgebietes an Stelle der willkürlich wechselnden Territorialverhältnisse, und die Anfänge dieser Entwickelung liegen schon im Mittelalter. Die Eigenschaft der Kurfürsten als Wahlorgane und Beamte des Reichs machte für sie die Unteilbarkeit des Territoriums und die Primogeniturordnung zur Notwendigkeit, und so können wir das Jahr der Goldenen Bulle in gewissem Sinne als Geburtsjahr des modernen deutschen Staates bezeichnen.

Das zweite war die Zurückdrängung der Landstände, welche zwar im Mittelalter mit dazu beigetragen hatten, in den zusammengewürfelten Territorien ein einheitliches Landesbewußtsein großzuziehen, aber doch recht eigentlich die Träger und Vertreter jenes privatrechtlichen Unterordnungsverhältnisses waren und als Prälaten, Ritter und Stadtobrigkeiten zwischen den Fürsten und der großen Masse ihrer

Unterthanen standen. Die **Erfindung des Schießpul=
vers**, die dadurch veränderte Kriegsweise, die Ersetzung der
Reiterheere durch die besoldeten Fußtruppen hat die Fürsten
von der Ritterschaft emancipiert und zugleich die Burgen und
Städte ihrer Widerstandsfähigkeit beraubt.
Dazu trat endlich als **drittes** die große **Kirchen=
reformation**. Die Reformation kommt hier aber nicht in
Betracht als der gewaltige **Kulturfaktor**, der die Geschicke
der Menschheit in neue Bahnen gelenkt hat, auch nicht als
der bedeutsame **politische** Faktor, der die Nation tief und
unheilbar zerrissen und in einem dreißigjährigen brudermör=
derischen Kriege bis hart an den völligen Untergang geführt
hat, vielmehr ist die Reformation für das **Rechtsleben**
dadurch vor allem bedeutungsvoll geworden, daß sie dem
Staate einen **neuen Inhalt, neue Aufgaben** in Kirche
und Schule, in Kunst und Wissenschaft, im Armen= und
Krankenwesen, schließlich in zahllosen andern Wohlfahrts=
einrichtungen gegeben hat. Die katholischen ebenso wie die
protestantischen Länder nehmen teil an dieser sittlichen Wieder=
geburt. Neben politischen und wirtschaftlichen Aufgaben er=
hält der Staat nunmehr auch **ethische** Aufgaben: er erhält
eine **sociale Mission**, zu der sich bis dahin nur die Kirche
bekannt hatte; erst jetzt beginnt der Staat ein humaner, ein
christlicher Staat im tieferen Sinne des Wortes zu werden.

Nur langsam bahnt sich diese neue Zeit an; nur all=
mählich streift das **Strafrecht** seinen halbbarbarischen
Charakter ab. Als im **Bauernaufstande** des 16. Jahr=
hunderts die große sociale Frage zum zweitenmal an die
Nation herantritt, da steht das Fürstentum noch vollständig
auf der Seite der Grundherren, und erst zwei Jahrhunderte

später beginnt es, die sociale Aufgabe zu begreifen, die es auch hier zu erfüllen hat: mit der Bauernbefreiung hat sich das Fürstentum zum erstenmal als sociale Macht im großen Stile, als Anwalt der wirtschaftlich Schwachen gegen die Willkür der Stärkeren erwiesen.

Die neuen Aufgaben des Staates in Verbindung mit der Neugestaltung des Gerichts- und Prozeßwesens setzten eine völlige Neuschaffung der inneren Verwaltung voraus, und hierbei hat das Beamtentum eine hervorragende Rolle gespielt: hier wird die Geschichte des modernen Staates im wesentlichen zu einer Geschichte des modernen Ämterwesens. Bekanntlich war es Österreich, dessen innerstaatliche Einrichtungen dabei das allgemeine Vorbild abgaben, und so ist die neuere deutsche Rechtsgeschichte in ihrer ersten Hälfte zu einem guten Teil österreichische Rechtsgeschichte, während die zweite Hälfte wesentlich seinem Nebenbuhler in der Hegemonie über Deutschland angehört, dem es endlich auch gelang, den alten Traum des deutschen Volkes zu verwirklichen und einen nationalen Staat herzustellen, soweit dies eben die geschichtlich gegebenen Verhältnisse ermöglichten.

Damit stehen wir am Schlusse auch dieser Periode der deutschen Rechtsgeschichte und an der Schwelle einer neuen Zeit. Wirtschaftliche Umwälzungen, gewaltiger als jemals, sind eingetreten; zum drittenmal ist die große sociale Frage vor uns aufgetaucht; die Formen unseres gesamten Rechts, auch des Strafrechts, scheinen sich überlebt zu haben; neue Gestaltungen brechen sich Bahn; in überraschender Weise kleidet schon die neue socialpolitische Gesetzgebung die Ansprüche des Einzelnen in das Gewand des öffentlichen Rechts, und wenn

vor tausend Jahren das öffentliche Recht völlig dem Privat=
recht unterlag, so scheint es jetzt, als solle umgekehrt das
Privatrecht mehr und mehr von seinem Terrain zu Gunsten
des öffentlichen Rechts abgedrängt werden.

Wohin dies führen wird? Wir wissen es nicht; aber
der Historiker der Zukunft wird, wenn nicht alle Anzeichen
trügen, mit dem letzten Drittel des 19. Jahrhunderts die
fünfte Periode der deutschen Rechtsgeschichte beginnen lassen.

Ich bin zu Ende, und ich kehre zu meinem Ausgangs=
punkte zurück. Ist mir gelungen, was ich mir vorgesetzt
hatte, so steht vor dem Leser in wenigen, aber ausdrucks=
vollen Zügen die ganze Geschichte unseres Rechts.

Kaum irgend ein bedeutsames rechtsgeschichtliches Mo=
ment habe ich unberührt gelassen, aber jedes einzelne ist
hineingestellt in den großen Strom der politischen und
ethischen, socialen und wirtschaftlichen Entwickelung der
Nation.

Und halten wir uns auch nur an die wenigen, einfachen,
großen Züge — in der ältesten Zeit Familie und Heer, dann
Königtum, römische Welt, Kirche und Grundbesitz, im Mittel=
alter die Überwindung des Stammespartikularismus, die Selbst=
hülfe und die Entstehung der Städte; in der neuen Zeit die Re=
ception des römischen Rechts und die Schöpfung des modernen
Staates und Reichs —, halten wir uns, sage ich, auch nur an
diese wenigen Hauptzüge, so steigt doch ein reiches und großes
Kulturbild der Vergangenheit vor uns auf. Zeiten der Ver=
irrung, Zeiten des Niedergangs fehlen nicht; aber immer
ringt sich wieder siegreich der Geist eines edlen Volkes empor.

Und für beides soll der Geschichtsschreiber das Verständnis erschließen, beides soll er mit gleicher Treue schildern.

Das ist, wie ich glaube, ein Mittel, um auch tüchtige Juristen bilden zu helfen, nämlich reife Männer, die sich gewöhnen, ihren Blick auf die großen entscheidenden Momente zu richten, keine Handwerker und Philisterseelen, die am kleinen und kleinsten, am nächsten und nützlichen haften bleiben. Unsere jungen Juristen sollen lernen, sich in begeisterter Freude an der Größe der Vergangenheit zu erbauen; aber ohne jeden Chauvinismus sollen sie zugleich selbständig urteilen und kritisch prüfen, wo die Vergangenheit fehlte oder in die Irre ging.

Denn schließlich entspringt doch alles Große, was Menschen auf irgend einem Gebiete schaffen, in der Kunst, in der Wissenschaft, im öffentlichen Leben, aus der Vereinigung dieser beiden Geistesrichtungen, die scheinbar zusammen passen wie Feuer und Wasser: nämlich aus der Vereinigung von **Begeisterung** und **Kritik**.

Printed by Libri Plureos GmbH
in Hamburg, Germany